GIUSEPPE TOTO

APPRENDERE LA COMPETENZA LINGUISTICA NEI GRAMMATICI TARDI

ISBN 978-1-291-09194-6

g.toto@unifg.it

APPRENDERE LA COMPETENZA LINGUISTICA NEI GRAMMATICI TARDI

Dedico questo lavoro all'entusiasmo e alla vivacità intellettuale del mio prof. Giovanni Cipriani e alla mia famiglia.

INTRODUZIONE

Punto di partenza per queste mie riflessioni è stato l'esame di due testi, quello di Donato e quello di Diomede[1], la cui analisi ha reso espliciti i meccanismi epistemologici su cui si fondano le grammatiche contemporanee e successive.

La grammatica di Donato, che è stata l'opera più letta fino al Rinascimento, persegue la finalità didattica dell'apprendimento *efficacie*[2] attraverso due strategie d'avanguardia: la *brevitas* e le

---

1 Barwick 1922, 10 e sgg. e Holtz 1981, 82 e sgg.

2 Sulla teoria pedagogica dell'apprendimento efficace, cfr. Laeng 1992, 44.

mnemotecniche. Sua finalità principale è quella di fornire agli allievi in prima istanza e agli insegnanti in seconda battuta uno strumento di apprendimento precipuo e di facile memorizzazione. L'autore propone, infatti, una semplice, ma efficace organizzazione tematica delle parti del discorso[3]. Tale efficacia si raggiunge anche mediante uno stile plasmato in maniera originale sullo schema delle domande/risposte, sistema che rappresenta il precedente della canonizzazione definitiva delle strutture morfologiche delle grammatiche (già in uso presso i grammatici greci[4]).

---

[3] De Nonno 2003, 14.

[4] Dioniso Trace è stato punto di riferimento per l'insegnamento scolastico e la manualistica fino all'Umanesimo; è necessario qui ricordare la mediazione latina di Remmio Palemone (I sec. d. C.) che compilò una grammatica latina sul modello del Trace che sarà la base formale per le *Artes* grammaticali a partire da Donato e per tutto il Medioevo. Un'esposizione completa su questo argomento si può leggere in Barwick 1922, 1-16 e *Id.* 1957.

In questa stessa ottica si deve leggere la seconda opera grammaticale di Donato, l'*Ars Maior*, che idealmente completa il percorso didattico cominciato dalla prima; dopo aver creato le competenze linguistiche di base, in quest'opera l'autore mira a rafforzarle e a consolidarle. Siamo lontani dalle moderne teorizzazioni linguistiche sulle scomposizioni in morfemi delle parole: esse, infatti, sono considerate come delle unità flessionali; siamo di fronte ad un approccio moderno del grammatico, che ritiene lo studio della grammatica un moltiplicatore di conoscenza linguistica rispetto alle letture dei lessici o degli elenchi di esempi da memorizzare[5] funzionali per la costruzione di competenze linguistiche.

Soltanto dopo aver letto e confrontato le due *Artes* donatiane,

---

5 Graffi-Scalise 2003, 144.

rispetto a moderne lenti interpretative, è possibile accingersi all'analisi della tradizione grammaticale successiva e ai fenomeni linguistico-letterari che essa ha prodotto: il testo in cui chiaramente si riflettono questi processi letterari e che la tradizione ci ha trasmesso integro è l'*Ars grammatica* o *De Oratione et Partibus Orationis et Vario Genere Metrorum libri III* di Diomede, rispetto al quale le pagine successive forniscono alcune riflessioni.

ALCUNI CASI DI *VITIA ELOCUTIONIS*

Gli antichi grammatici consideravano la *grammatica* come un sistema di norme indispensabile al raggiungimento della **'precisione' linguistica**, un traguardo, quest'ultimo, definito *puritas*. La *puritas* è una *virtus* grammaticale in senso stretto, che ha uno scopo prioritario da raggiungere, ossia la correttezza idiomatica connessa al successo comunicativo[6]. La trasgressione di questa categoria è considerata *vitium*, un accidente, questo, che si può manifestare o per difetto

6 Lausberg 1969, 69.

(barbarismi e solecismi) o per eccesso[7]. Ai vizi e alle virtù dell'elocuzione nei manuali medievali sono riservati spazi variabili a seconda della trattazione di fenomeni linguistici; tali scelte 'spaziali' sono diretta conseguenza del grado di importanza che gli autori di grammatiche danno agli aspetti stilistici nella costruzione dell'apprendimento linguistico.

La critica testuale su queste tematiche appare concorde nell'individuare nelle definizioni di Donato contenute

---

7 *Ibidem*, 71-72: «Queste mancanze contro la *puritas* possono manifestarsi come licenza. Poiché le lezioni di grammatica comprendevano la lettura di testi di ri-uso documentati dalla tradizione letteraria come patrimonio educativo e poiché questi testi di ri-uso derivavano spesso da un diverso ambiente sociale, discepoli e maestri notavano le numerose deviazioni che questi testi di ri-uso contenevano in rapporto all'uso della lingua insegnata nelle lezioni di grammatica normativa. I maestri spiegavano queste deviazioni come *licentia poetica*, giustificata dall'*auctoritas* del poeta o dello scrittore: i barbarismi e i solecismi considerati come errori se commessi dallo scolaro, alla lettura di autori noti dovevano essere riconosciuti come metaplasmi, tropi e figure grammaticali, giustificati addirittura ammirati come *virtus*».

nell'*Ars Maior* i modelli su cui si è costruita tutta la tradizione testuale successiva[8]; per questa ragione propongo la lettura del testo di Donato[9], limitatamente alla trattazione del barbarismo, una trattazione che ha ispirato i grammatici successivi:

"de barbarismo: *barbarismus est una pars orationis uitiosa in communi sermone. in poemate metaplasmus, itemque in nostra loquella barbarismus, in peregina barbarolexis dicitur, ut si quis dicat mastruga, cateia, magalia. barbarismus fit duobus modis, pronuntiatione et scripto. his bipertitis quattuor species subponuntur, adiectio, detractio, inmutatio, transmutatio, litterae syllabae temporis toni adspirationis. per adiectionem litterae fiunt barbarismi, sicut «relliquias Danaum», cum reliquias per unum l dicere debeamus; syllabae, ut «nos abiisse rati» pro abisse; temporis, ut «Italiam*

8 Cfr. Cervani 1984, 398-400.

9 Il testo proposto è curato da Holtz 1981.

fato profugus», cum Italiam correpta prima littera dicere debeamus. Per detractionem litterae, sicut «infantibu paruis» pro infantibus; syllabae, ut salmentum pro salsamentum; temporis, ut «unius ob noxam» pro unīus. (654) per inmutationem litterae, sicut olli pro illi; syllabae, ut permities pro pernicies; temporis, ut «feruere Leucaten», cum feruere sit secundae coniugationis et producte dici debeat. per transmutationem litterae, sicut Euandre pro Euander; syllabae, ut displicina pro disciplina; temporis, ut si quis deos producta priore syllaba et correpta posteriore pronuntiet. toni quoque similiter per has quattuor species conmutantur: nam et ipsi adiciuntur detrahuntur inmutantur transmutantur. quorum exempla ultro se offerent, si quis inquirat. totidem modis etiam per adspirationem deprehenditur barbarismus, quem quidam scripto, quidam pronuntiationi iudicant adscribendum, propter h scilicet, quam alii litteram, alii adspirationis notam putant. fiunt etiam barbarismi per hiatus. sunt etiam malae compositiones, id est cacosyntheta, quas nonnulli barbarismos putant, in quibus sunt mytacismi, labdacismi, iotacismi, hiatus, conlisiones et omnia, quae plus aequo minusue sonantia ab eruditis (655) auribus respuuntur. nos cauenda haec uitia praelocuti controuersiam de nomine pertinacibus relinquimus[10].

Il testo completo dell'*Ars Maior*[11] in realtà si estende per molte pagine, poiché oltre al barbarismo e solecismo affronta anche l'analisi degli altri *vitia*: *cum barbarismo et soloecismo uitia duodecim numerantur hoc modo: barbarismus, soloecismus, acyrologia, cacemphaton, pleonasmos, perissologia, macrologia, tautologia, eclipsis, tapinosis, cacosyntheton, amphibolia* (658 H). Per poter formulare alcune considerazioni su questo complesso tema ho selezionato tutti i testi medievali in cui questi *vitia* sono stati trattati:

---

10 Donato, *Ars Maior*, Ed. Holtz 1981, 653-655 = GL. 4,395 – 397.

11 Donato, *Ars Maior*, Ed. Holtz 1981, 653-674 = GL. 4,395 – 402.

OPERA COMPLETA	**CAPITOLO IN CUI SONO ESPOSTI I *VITIA***
Donati ars maior : ed. L. Holtz 1981, 603-674 (= GL 4,367-402)	*de uitiis et uirtutibus orationis* : 653,1-674,10 H
Audacis excerpta de Scauro et Palladio : GL 7,320-361,12	*de uitiis et uirtutibus orationis* : 7,361,13-362,21
Augustini ars breuiata : GL 5,494-496,12	*de uitiis et uirtutibus orationis* : 5,496,6-12
Charisii ars : ed. K. Barwick 1964[2] (= GL 1,1-296)	*de uitiis et uirtutibus orationis* : 349,16-371,28 B

Cledonii ars : GL 5,9-79	*de uitiis et uirtutibus orationis: 5,79,19-22*
Consentius de barbarismis et metaplasmis : ed. M. Niedermann 1937, 1-32 (= GL 5,386-404)	*de uitiis et uirtutibus orationis* : 1,3-22,18 N
Diomedis ars : GL 1,299-52	*de uitiis et uirtutibus orationis* : 1,440,27-464,24
Iuliani Toletani ars : ed. M. Maestre Yenes 1973 (= GL 5,317-324)	*de uitiis et uirtutibus orationis* : 179,1-221,470 Y
Pompeius in artem Donati : GL 5,95-312	*de uitiis et uirtutibus orationis* : 5,283,1-312,16
Sacerdotis artes : GL 6,427-546	*de uitiis et uirtutibus orationis* : 6,448,1-470,22

[Sergii] explanationes in artes Donati : GL 4,486-565	*de uitiis et uirtutibus orationis* : 4,563,1-564,25
Seruius in Donati artem maiorem : GL 4,421-448	*de uitiis et uirtutibus orationis* : 4,443,28-448,17
frg. Monacense de barbarismo : GL 5,327,2-30	*de uitiis et uirtutibus orationis* : 5,327,2-30
[Victorinus] de soloecismo et barbarismo = Palladius : ed. M. Niedermann 1937, 32-37(= GL 5,327,32-328,10)	*de uitiis et uirtutibus orationis* : 32,22-37,5 N

È opinione diffusa[12] (e sostenuta tramite la collazione delle testimonianze in

[12] Cfr. Coletti 1983, 71, a proposito della trattazione dei *vitia* da parte di grammatici medievali di area francese:

elenco) che Donato con la trattazione del barbarismo e del solecismo abbia voluto completare la prima *editio* della sua opera. Secondo Donato, che nel frangente si riallaccia alla dottrina quintilianea[13], il

«Sedulio fa precedere la trattazione vera e propria del barbarismo da una breve introduzione in cui viene lodato Donato per avere posto la dottrina *de uitiis atque uirtutibus partium orationis* dopo l'esposizione delle regole grammaticali relative alle medesime parti del discorso: egli fornisce sùbito una prima indicazione sul barbarismo (*quod in singularum partium orationis uitiosa prolatione accidere cognoscitur*) e sul solecismo (*quod in contextu partium orationis inesse deprehenditur*) notandone, più che la natura, il posto della frase in cui essi si manifestano e dove quindi devono essere identificati. Questa parte iniziale di SED sembra non avere riscontri nella tradizione grammaticale, e appare come una sua caratteristica peculiare l'uso di premettere brevi introduzioni ai tre libri».

13 Il *De barbarismis* di Quintiliano si estende per diciassette capitoli (Quint. *Inst.*, I, 5,5-21). Ne riporto per comodità i passi salienti: «***5.*** *Prima barbarismi ac soloecismi foeditas absit. Sed quia interim excusantur haec vitia aut consuetudine aut auctoritate aut vetustate aut denique vicinitate virtutum (nam saepe a figuris ea separare difficile est): ne qua tam lubrica observatio fallat, acriter se in illud tenue discrimen grammaticus intendat, de quo nos latius ibi loquemur ubi de figuris orationis tractandum erit.* **6.** *Interim vitium quod fit in singulis verbis sit barbarismus. Occurrat mihi forsan aliquis: quid hic promisso tanti operis dignum? aut quis hoc nescit, alios barbarismos scribendo fieri, alios loquendo (quia quod male scribitur*

barbarismo è quel *vitium* del discorso che può riguardare sia la produzione scritta che orale e che compare nella lingua latina nei testi in prosa (in poesia il *vitium* assume il nome di metaplasmo). Se il medesimo difetto del discorso appare attraverso l'uso di lemmi di lingua straniera, esso assume il nome di *barbarolexis: barbarismus est una pars orationis uitiosa in communi sermone. in poemate metaplasmus, itemque in nostra loquella*

---

male etiam dici necesse est, quae vitiose dixeris non utique et scripto peccant), illud prius adiectione detractione inmutatione transmutatione, hoc secundum divisione complexione adspiratione sono contineri?... ***8.*** *Unum gente, quale sit si quis Afrum vel Hispanum Latinae orationi nomen inserat...* ***9.*** *Alterum genus barbari accipimus quod fit animi natura, ut is a quo insolenter quid aut minaciter aut crudeliter dictum sit barbare locutus existimatur.* ***10.*** *Tertium est illud vitium barbarismi, cuius exempla vulgo sunt plurima, sibi etiam quisque fingere potest, ut verbo cui libebit adiciat litteram syllabamve vel detrahat aut aliam pro alia aut eandem alio quam rectum est loco ponat.* ***11.*** *Sed quidam fere in iactationem eruditionis sumere illa ex poetis solent, et auctores quos praelegunt criminantur. Scire autem debet puer haec apud scriptores carminum aut venia digna aut etiam laude duci, potiusque illa docendi erunt minus vulgata...* ***13.*** *Sed in prorsa quoque est quaedam iam recepta inmutatio...* ***16.*** *Absurdum forsitan videatur dicere barbarismum, quod est unius verbi vitium, fieri per numeros aut genera sicut soloecismum...*».

barbarismus, in peregina barbarolexis dicitur, ut si quis dicat mastruga, cateia, magalia. barbarismus fit duobus modis, pronuntiatione et scripto. Il barbarismo può essere di quattro tipologie: 1) **per adiectionem** *litterae fiunt barbarismi, sicut «relliquias Danaum», cum reliquias per unum l dicere debeamus; syllabae, ut «nos abiisse rati» pro abisse; temporis, ut «Italiam fato profugus», cum Italiam correpta prima littera dicere debeamus.* 2) **Per detractionem** *litterae, sicut «infantibu paruis» pro infantibus; syllabae, ut salmentum pro salsamentum; temporis, ut «unius ob noxam» pro unīus.* 3) **per inmutationem** *litterae, sicut olli pro illi; syllabae, ut permities pro pernicies; temporis, ut «feruere Leucaten», cum feruere sit secundae coniugationis et producte dici debeat.* 4) **per transmutationem** *litterae, sicut Euandre pro Euander; syllabae, ut displicina pro disciplina; temporis, ut si quis deos producta priore syllaba et correpta posteriore pronuntiet.* Queste quattro tipologie si riferiscono a casi di testi scritti, nella seconda parte del paragrafo; queste stesse categorie sono applicate da Donato ad altrettanti casi del linguaggio parlato.

Leggendo le testimonianze degli altri grammatici[14] possiamo osservare quanto segue: la testimonianza di *Audacis excerpta de Scauro et Palladio* (GL 7,361,13-362,21) è perfettamente sovrapponibile a quella presente in Donato; l'unica variante è la maniera in cui viene definita la parte del discorso in cui compare il *vitium.* Una tale parte infatti non è più *vitiosa,* ma *corrupta*[15]. Agostino nell'*ars breuiata* (GL 5,496,6-12) si limita a definire il barbarismo[16]. La *Charisii ars* (349,16-

---

14 Coletti 1983, 69: «In greco si conoscono il Πεϱί σολοιχιασμου attribuito ad Erodiano (sec. II d. C.), l'opuscolo Πεϱί βαϱβαϱισμου χαί σολοιχισμου di un non meglio identificato Polibio (discepolo di Erodiano?), un'operetta anonima dallo stesso titolo e, fra i testi pubblicati dal Valckenaer in appendice alla sua edizione di Ammonio, quattro operette sul barbarismo e il solecismo».

15 Questa variante compare anche in Agostino e Carisio.

16 Cfr. Aug., *Ars Breviata, de uitiis et uirtutibus orationis,*

371,28 B) è una trattazione organica del barbarismo, accompagnata dalla definizione ed esemplificazione del metaplasmo. D'altronde è il testo grammaticale in cui è possibile riscontrare il maggior numero di citazioni d'autore. Nell'opera di Cledionio la trattazione del barbarismo è tramandata attraverso un frammento[17], in cui si legge soltanto un elenco di *vitia:* ben poca cosa rispetto all'opera di Consenzio, che appare come l'elaborazione più esaustiva e completa sul tema. Giuliano Toletano, invece, nella sua *ars*[18] rimane fedelissimo alle definizioni di

---

5,496,6-12: «*de barbarismo. barbarismus quid est? sermo uitiose corruptus. quot modis fit? quattuor ut soloecismus, adiectione detractione transmutatione inmutatione. sed soloecismus adicit detrahit transmutat inmutat uel partes orationis uel accidentia partibus orationis, barbarismus adicit detrahit transmutat inmutat litteras syllabas tempora adspirationes accentus. adiectione litterae*».

17 *Cledonii ars,* GL 5,9-79: «*de barbarismo |barbarismus est una pars orationis: uitia orationis sunt |duodecim, barbarismus soloecismus acyrologia cacenfaton pleonasmos |perissologia macrologia tautologia ellipsis tapinosis cacosyntheton**».

18 Toletano, A*rs grammatica,* ed. Maestre M., Yenes

Quintiliano e Donato, arricchendole con una serie innumerevole di esempi. Completamente differente rispetto a tutte le altre opere finora analizzate è quella del grammatico Pompeo (*Pompeius in artem Donati*, GL 5,283,1-312,16) che fornisce una definizione contrastiva del barbarismo, ponendolo a confronto con tutti gli altri *vitia* secondo il metodo donatiano delle domande/risposte. L'analisi del barbarismo nell'opera di Sacerdote (*Sacerdotis artes*, GL 6,448,1-470,22) è relegata a mero esempio all'interno di un più ampio capitolo sui difetti del linguaggio: esso non soltanto ricalca la struttura quadripartita delle tipologie di barbarismo proposte da Donato, ma le raddoppia considerandole sia per i testi scritti che parlati[19].

1973, 179,1-221,470.

[19] In questo modo, come si evince dal brano, le tipologie di barbarismo sono otto, non quattro come le propone Donato: «**de barbarismo:** *barbarismus est uitiosa dictio*

Ancora, il *grammaticus* Sergius lo descrive lapidariamente ponendolo in rapporto al solecismo: «*de soloecismo: soloecismus est oratio inordinatis dictionibus instructa contra rectam loquendi consuetudinem. inter barbarismum et soloecismum hoc interest, quod barbarismus in singulis uerbis fit et in quocumque ordine contra*

---

unius uerbi, qui fit modis octo: per productionem, ac si dicas pērnix <et> per producas, quae correpta est: per correptionem, stetĕrunt te correpta, quae longa est: per aspirationem, ac si dicas hora uultus, cum ora debeant dici: per lenitatem, ac si dicas oram tempus diei, cum horam debeas dicere: per immutationem litterarum, ac si dicas ohminem pro hominem: per accentum, ac si dicas iste <et> te acuas, cum is debeas: per immutationem loquellarum, ac si Graecum nomen Latine dicas uel Latinum nomen Graece scribas uel dicas, ut puta si philosophum per f scribas, cum per p et h scribere debeas, uel si felix scribas per p et h, cum f ratio exigat: per immutationem accentuum, ac si dicas Cērēs Ce longa, cum breuis sit, et res breui, cum sit longa. haec uitia, cum dicuntur, barbarismi sunt; cum scribuntur, barbarolexis; et cum dicuntur a nobis, uitia sunt, <cum> a poetis, metaplasmi. inter barbarismum et soloecismum hoc est, quod soloecismus Latinus est sermo peruersus, barbarismus uero nullam Latini sermonis continet rationem, et quod soloecismus pluribus partibus orationis fit, barbarismus una; quamuis et soloecismus potest interdum una parte orationis fieri, ac si dicas uni habete. inter figuram et metaplasmum hoc est, quod figura uirtus est ueniens ex soloecismo, metaplasmus uero ueniens de barbarismo, de quibus mixte tractabimus».

morem Latinitatis[20]»; di diversa natura è la definizione di Servius, che ne fornisce una 'romantica' versione antiquaria in aggiunta alla canonica ripartizione donatiana[21]. Il testo, riportato dal *frg. Monacense de barbarismo* (GL 5,327,2-30), si limita a commentare il testo di Donato. A sua volta il grammatico Vittorino (*[Victorinus] de soloecismo et barbarismo = Palladius*, ed. M. Niedermann 1937, 32,22-37,5 N) non si discosta dal modello donatiano e si limita a fornire spiegazioni sul tema attraverso l'abusato schema delle domande/risposte.

Da queste riflessioni, come è palese, mancano quelle relative al testo di Diomede, sul quale mi soffermo più dettagliatamente fornendo una mia traduzione del brano (*de uitiis et uirtutibus orationis*, GL 1,440,27- 464,24):

---

20 *[Sergii] explanationes in artes Donati*, GL 4,563,1-564,25.

21 *Seruius in Donati artem maiorem*, GL 4,443,28-448,17.

"**de barbarismo**: *barbarismus est dictio uitiosa. est autem definitio generalis et |specialis. sed quoniam dictio et contexta oratio et una pars eius intellegitur, |et quia consuetudo hunc tantum barbarismum appellat qui fit in una parte |orationis, aptius tamen hac utemur definitione [barbarismus est contra |Romani sermonis legem aut scripta aut pronuntiata uitiose dictio], |barbarismus est enuntiatione uel scripto una pars orationis corrupta ac per hoc |non Latina. sed hoc uitium in soluta oratione nomen suum retinet, |ceterum apud poetas metaplasmus uocatur, soloecismus autem schema. |barbarismus est barbaros lexis, id est barbara dictio. sed hoc uitium inter se |differt, quod barbarismus in Latina dictione fit, barbaros autem lexis tota |peregrina dictio. barbarismus fit modis principalibus quattuor, adiectione |detractione mutatione transmutatione. adiectionis species sunt quattuor, |[aut] per adiectionem temporis siue productionem, per adiectionem litterae, |0452| per adiectionem syllabae, per adiectionem* *adspirationis. adiectione |temporis siue productione fit hoc modo, ut |«Italiam fato profugus»; |i enim prima syllaba cum corripi debeat, producta est, id est, cum |habere debeat tempus unum, habet duo: adiectione litterae, ut siquis |relliquias geminata l littera pronuntiet, ut |«relliquias Danaum»: |adiectione syllabae, cum dicimus Mauors pro Mars et tetuli pro tuli, ut |«Mauortis in antro», |et |«numquam huc tetulissem pedem», |item «alituum» pro alitum: adiectione adspirationis; hoc et scripto et sono |proditur, ut cum dicimus choronam cum adspiratione, cum debeat leuiter |pronuntiari; item hemo pro emo. detractionis species sunt aeque quattuor, |detractione temporis litterae syllabae adspirationis: temporis, ut siquis |dicat feruere correpte, cum produci debeat media syllaba, ut «feruere |Leucaten»; litterae, ut si detracta a littera pretor dicamus, ut Lucilius |«pretor ne rusticus fiat», |cum debeat ae pronuntiari, praetor [sed structurae gratia syllaba longa |corripitur]; syllabae, ut siquis temnere dicat pro contemnere, ut Vergilius |«et non temnere diuos»;*

|adspirationis, ut siquis dicat omo sine adspiratione, cum debeat aspere |pronuntiari. hae autem species inueniuntur locis tribus, in prima parte |dictionis, in media, in nouissima: in parte prima fit per aphaeresin, id |est detractionem, ut linque pro relinque; in media per syncopen, id est |concisionem, ut nantes pro natantes; <in> nouissima per apocopen, id est |abscisionem, ut uolup pro uoluptate, et ut si accusatiuo sine m littera |domu dixeris. per parallagen, id est mutatione litterae, si litteram aliam |pro alia pronuntiemus, ut aruenire pro aduenire. transmutatione, cum in |eadem dictione conmutatis inter se litteris utamur, ut leriquias si per l |litteram pronuntiemus, cum debeat per r prima syllaba dici, reliquiae; |item lerigionem similiter pro religione mutatis r et l litteris; eodem modo |0453| tanpister pro tantisper. per ecthlipsin quoque, id est per unius litterae |elisionem, ut repsitum pro repositum. |sunt praeterea pronuntiationis quaedam uitia, quae non nulli |barbarismos putant, iotacismi labdacismi myotacismi hiatus conlisiones et omnia

|*quae plus aequo minusue sonantia ab eruditis auribus respuuntur. haec* |*uitia praelocuti controuersiam de nomine pertinacibus relinquimus.* |*iotacismi sunt cum i littera supra iustum decorem in distinctionibus extenditur.* |*labdacismi similiter, si lucem prima syllaba uel almam nimium plene* |*pronuntiemus. myotacismi quoque sunt cum in fine partis orationis inuenitur* |*m littera et incipiat sequens a uocali quae non sit loco consonantis posita.* |*haec enim scribitur quidem, non autem enuntiatur, ut «quousque* |*tandem abutere». tunc autem pronuntiamus m litteram, cum sequitur* |*uocalis loco consonantis posita, ut est* |*«cum Iuno aeternum s(eruans) s(ub) p(ectore) u(ulnus)».* |*distinctio quoque, quae separat uerba, ut est* |*«dum conderet urbem /* |*inferretque d(eos) L(atio)».* |*quae pronuntiatio seruanda, ne sit barbarismus, non in scriptura sed in* |*sermone, si enuntiata fuerit*".

Scrive Diomede a proposito del barbarismo: "Il barbarismo è un discorso difettoso. D'altra parte questa è una definizione di carattere generale e specifica. Ma dal momento che per *dictio* si intende sia un discorso continuo (frase) che una sola parola, e poiché è consuetudine chiamare barbarismo soltanto quello prodotto in una parola, è più opportuno che usiamo questa definizione: [barbarismo è una espressione scritta o parlata in modo difettoso che trasgredisce le norme della lingua romana] il barbarismo è una parola *corrupta* sia nel linguaggio parlato che in quello scritto e per questo non Latina. Questo difetto nella prosa conserva la sua denominazione, tuttavia presso i poeti è chiamato metaplasmo, solecismo invece una figura (schema). Il barbarismo è una parola straniera, è una locuzione barbara. Ma questo difetto distingue al suo interno il barbarismo prodotto nella locuzione latina anche dalla scrittura barbara quale si trova in tutte le espressioni che vengono da fuori. Il barbarismo si verifica in quattro principali modi, per aggiunta, per sottrazione (ellissi), per mutamento e trasposizione (metatesi). Sono di quattro tipi le aggiunte, [ovvero] l'aggiunta della durata del tempo ossia per prolungamento, l'aggiunta di lettere, l'aggiunta di sillabe, l'aggiunta di aspirazione. Nel caso dell'aggiunta della durata il barbarismo si verifica in questo modo, come in *Italiam fato profugus*; infatti la prima vocale *i* dovendo essere breve, è così allungata, dovendo avere una durata invece la raddoppia; l'aggiunta di lettere: come se qualcuno pronunci *relliquias* con una lettera doppia (ripetuta), come in *relliquias Danaum*; l'aggiunta di sillabe, come quando diciamo *Mavors* invece di *Mars* e *tetuli* invece di *tuli*, come in *Mavortis in antro*, e *numquam huc tetulissem pedem*, così pure *alituum* invece di *alitum*; l'aggiunta di aspirazione, questa è allungata sia nello scritto che con la voce, come quando diciamo *choronam* con l'aspirazione, dovendo essere pronunciata invece dolcemente, così pure *hemo* invece di *emo*. Parimenti sono quattro i tipi di sottrazione: per sottrazione di tempi, di lettere, di sillabe e di aspirazione. Sottrazione di durata di tempi, come se qualcuno, dovendo essere allungata la sillaba centrale, dica *fervere* con la breve, come in *fervere Leucaten*; di lettere, come se dalla lettera tolta diciamo *pretor*, come in *Lucilius pretor ne rusticus fiat*, dovendo invece pronunciare *ae*, ossia *praetor* [ma la sillaba lunga è abbreviata per la grazia (l'armonia) della struttura]; di sillabe, come se qualcuno dica *temnere* invece di *contemnere*, come in *Vergilius et non temnere divos*; di aspirazione, come se qualcuno dica *omo* senza aspirazione, dovendo essere invece pronunciato aspramente. D'altra parte queste si rinvengono in tre distinte posizioni, nella prima parte, nel mezzo e nell'ultima parte della parola: nella parte iniziale si verifica per aferesi, e questa è una sottrazione, come *linque* invece di *relinque*; nel mezzo per sincope, e questo è uno smembramento, come *nantes* invece di *natantes*; nella parte finale per apocope, e questa è una recisione, come *volup* invece di *voluptate*, e come se dicessimo l'accusativo senza la lettera m, *domu*. Per *<par>allage,* questo fenomeno è dovuto alla mutazione della lettera, pronunciamo *aliam* invece di *alia*, come *arvenire* invece di *advenire*. Per trasposizione, quando nella stessa parola usiamo al suo interno lettere mutate, come se pronunciamo come prima lettera *leriquias*, dovendo invece essere detta come prima lettera la r, *reliquiae*; così parimenti con le lettere mutate r ed l *lerigionem* invece di *religione*; allo stesso modo *tanpister* invece di *tantisper*. Anche per ectlipsi, come *repsitum* invece di *repositum,* questa è per elisione di una lettera. Inoltre, ci sono alcuni difetti di pronuncia, che alcuni considerano barbarismi, iotacismi, labdacismi, myotacismi, iati, elisioni e tutti quelli che più, con lo stessa o minore sonorità sono rifiutati dalle orecchie degli eruditi. Fatta una premessa su questi difetti tralasciamo la disputa da parte di quanti sono 'integralisti' sul tema della nomenclatura. Iotacismi si hanno quando la lettera i si allunga al di là del giusto decoro nei periodi; labdacismi allo stesso modo, se pronunciamo pienamente la prima sillaba di *lucem* o eccessivamente di alma. Anche i Myotacismi si hanno quando alla fine di una parola si trova la lettera m e la parola seguente comincia per vocale che non è opportunamente collocata dopo la consonante. Questa infatti è scritta, mentre non è pronunciata, come *quousque tandem abutere*. Allora, al contrario, pronunciamo la lettera m, quando è seguita da vocale collocata opportunamente dopo la consonante, come in *cum Iuno aeternum s(ervans) s(ub) p(ectore) v(olnus)*; anche il periodo che separa i verbi, come nel caso di *dum conderet urbem inferret que d(eos) L(atio),* la cui pronuncia va conservata per non causare barbarismo, se capitasse di doverlo leggere non in uno scritto ma in un discorso".

Nel testo proposto sorprendentemente non compare nessuna citazione esplicita a Donato pur essendo la principale fonte seguita in tutti i testi e, non campare neppure alcun interesse etimologico[22]; è presente, invece, la definizione del fenomeno linguistico, il confronto delle varie posizioni sul tema e l'esemplificazione delle varie tipologie attraverso le citazioni di testi poetici o in prosa.

La trattazione del barbarismo, inserita come abbiamo osservato

---

22 Scelta strana questa per Diomede che, invece, per il solecismo proporrà tre ipotesi etimologiche differenti (GL 1,443 - 449).

all'interno di formulazioni sistematiche dei fenomeni linguistici, assume nel corso del medioevo una peculiare carica di significati dovuti ad un'evoluzione simbolica del concetto stesso di *barbarus*: il barbarismo *denuncia* secondo i grammatici la presenza di parole straniere all'interno della purissima lingua latina (ad es. *Appellatus autem barbarismus a barbaris gentibus, dum Latinae orationis integritatem nescirent,* Isidoro 1,32,1 L.) oppure permette l'individuazione 'scientifica' di un fenomeno di meticciamento linguistico (*barbarismus autem dicitur eo quod barbari prave locuntur,* Servio, *Commentarius in Artem Donati,* IV,444,4 K) fortemente stigmatizzato dall'*intellighenzia* medievale[23].

---

23 La Coletti 1983, 79-80, considera questa doppia chiave interpretativa riferendo rispettivamente per le *iuncturae barbarus/alienus* e *a barbaris gentibus*; ella, infatti, scrive: «La motivazione dell'uso del termine *barbarismus* per mezzo di un racconto, che riferisce in forma molto ingenua e sbrigativa come, dopo la conquista di tutto il mondo da parte dei Romani, questi fecero andare a Roma alcuni rappresentanti delle popolazioni sottomesse, al duplice scopo di far sì che i

Concludendo, schematicamente per *barbarolexis* si intende l'uso di parole il cui significante non appartiene alla lingua latina: *verba peregrina*, provincialismi e parole greche[24]. I barbarismi, invece

vinti potessero parlare con i vincitori e viceversa. A queste due motivazioni se ne aggiunge una terza di tipo 'imperialistico', cioè «affinché i posteri di quei vinti sapessero di dover restare sottomessi all'impero Romano», intendendo quindi l'imposizione del linguaggio comune come strumento di potere (la formula di MIUR «di essere sottomessi già da tempo ai Romani» fa pensare invece alla lingua come 'memoriale' dell'avvenuta conquista). Da questa situazione dei rapporti fra Romani e barbari ebbe origine la corruzione della lingua latina e si arrivò quindi alla decisione ufficiale (*decretum est*) di chiamare tale corruzione del linguaggio (*uitium* in MIUR) col termine *barbarismus*, che tutti e tre i grammatici chiariscono come *alienatio*» e «La sostanza del ragionamento è però diversa: la corruzione del linguaggio non è il risultato della incapacità di imitare esattamente il latino da parte dei barbari che dovevano apprenderlo, ma consiste nel fatto che le popolazioni assoggettate trasferirono a Roma *cum opibus suis* sia i *uitia morum* che i *uitia uerborum*; in sostanza qui la definizione di *barbarismus* non vuole indicare la deviazione dalla retta forma latina (che è il *barbarismus* vero e proprio), ma piuttosto l'introduzione di vocaboli o strutture straniere nel latino stesso».

24 Riferisce Lausberg 1969, 113-114, che a queste tre categorie devono essere aggiunti anche gli arcaismi e i

rappresentano il mutamento dal punto di vista morfologico[25] della parola scritta attraverso quattro forme di cambiamento: aggiunzione o *adiectio*, sottrazione o *detractio*, sostituzione o *inmutatio* e trasposizione o *transmutatio*. Nel caso in cui il barbarismo provochi un mutamento dell'aspetto fonico della parola percepibile sostanzialmente durante l'esecuzione orale di un discorso, può avvenire in molteplici modalità: divisione di un'unica sillaba in due o *divisio*, contrazione di due sillabe in una o *complexio*, variazioni della quantità delle sillabe o *spatium/tempus*, modifiche nell'aspirazione o *adspiratio*, nell'accentazione o *accentus* e nell'emissione dei suoni o *sonus*[26].

---

neologismi.

25 Cfr. Erlebach, 1992, col. 1281 s. v. *Barbarismus*.

26 *Ibidem*.

RIFLESSIONI CONCLUSIVE

Da un punto di vista squisitamente qualitativo, le *Artes grammaticae* possono essere lette come testimonianze archeologiche[27], scevre, cioè, da qualsiasi velleità letteraria e suggestivi strumenti di esegesi e di ricerca storica[28]. Queste

27 Cfr. Law 1997, 15.

28 Cfr. Copeland-Sluiter 2009, 1: «*The texts brought together in this book represent the contributions of the arts of grammar and rhetoric to literary theory over the course of the Middle Ages, from late Latin antiquity to the fifteenth century. Grammar and rhetoric, the language disciplines, formed the basis of any medieval education, no matter what future career a student would want to pursue. However, given the importance of literature as the subject matter of the ars grammatica and the emphasis on literary form and structure in ancient*

grammatiche, pur conservando valore 'storico' in quanto testi normativi e retorici sul modello greco-romano[29], rappresentano la viva testimonianza di un processo linguistico e culturale conservativo e protezionistico prodotto del mutato contesto storico-culturale. La trama profonda di questo processo intreccia la consapevolezza da parte dei grammatici del primato della Retorica in ambito educativo, tanto da riflettersi anche sulla struttura organizzativa dei manuali[30] e

---

rhetoric, these were also the disciplines that would prepare students for an understanding of literary language and form. It is this specific connection between grammatical and rhetorical theory and theoretical approaches to literature that is the central concern of this book. Whether one was to approach texts from the perspective of a poet or an exegete, whether the texts to be considered were secular or sacred, whether one was to compose a text or teach others how to compose, an education in the principles of grammar and rhetoric was the entryway into literary thought».

[29] Mi riferisco ad Aristotele, Varrone, Quintiliano e Diogene Trace.

[30] Tale struttura tripartita consta di una prima parte fonologica, una seconda morfologica e, infine, una terza dedicata ai difetti del linguaggio.

sulla ricerca di rigore formale, stilistico e contenutistico. Per quest'ordine di ragioni l'organizzazione delle parti costitutive della *grammatica,* non prescindendo dall'originalità compositiva degli autori, riflettono un canovaccio abbastanza rigido: tre macro-parti solitamente accompagnate da un'introduzione, un numero variabile di libri per ciascuna parte e, ogni libro articolato in brevi paragrafi[31].

La grammatica di Diomede non soltanto appare come un avanzato strumento didattico, grazie all'uso di più fonti e più punti di vista grammaticali 'accreditati', ma rappresenta a vari livelli per il suo pubblico di addetti ai lavori o di discenti l'*opera omnia* del sapere grammaticale medievale, non sempre di facile consultazione.

---

31 Non mi propongo di fornire una rigida schematizzazione, ma di sottolineare gli elementi di continuità fra i vari testi, cfr. Cipriani 1995, 93.

La trattazione della morfologia grammaticale rispetto alle precedenti opere di Donato è il frutto di una maggiore riflessione e della necessità di divulgare nella scuola tardo antica un sapere specialistico e allo stesso tempo compromesso dall'avanzata delle lingue romanze. Diomede, infatti, persegue questi obiettivi da un lato rendendo maggiormente complessa l'articolazione dei paragrafi dell'opera che trasuda velleità artistiche, dall'altro amplificando in senso specialistico gli argomenti trattati. La sua finalità esplicita è quella non semplicemente di insegnare a scrivere e parlare, ma di formare competenze linguistiche professionali e di avviare all'arte oratoria.

Questo percorso tra autori e opere, idealmente affrontato nelle prime pagine di questo lavoro di ricerca, è stato propedeutico all'acquisizione di indispensabili strumenti di codificazione di questo affascinante procedimento didattico che attraversa tutto il medioevo. Come abbiamo abbondantemente dimostrato tutti i grammatici latini riservano una parte considerevole delle loro grammatiche alla trattazione dei *vitia elocutionis*; esse non sono semplicemente delle prescrizioni negative per il raggiungimento della precisione linguistica, ma un'eccezionale metodologia didattica per la creazione e la costruzione di competenze linguistiche 'elevate'. Gli allievi, dopo aver appreso nei primi anni del loro percorso scolastico i rudimenti grammaticali e dopo essersi esercitati con la somministrazione di esempi complessi, affrontavano il primo passo verso la Retorica grazie allo studio dei difetti del linguaggio[32]. Tale studio, secondo i

---

[32] Cipriani 2001, 25.

grammatici, ha un duplice binario: da un lato si procede all'acquisizione di conoscenze linguistiche che emergono dall'analisi e dall'articolazione dei *vitia elocutionis*, dall'altro si migliora pragmaticamente la scrittura e la produzione dei testi orali mediante una specifica forma di apprendimento, quello *per negationem*.

I grammatici, illustrando le 'brutture' della scrittura e in che casi l'eccezione è tollerata, trasmettono in forma criptata agli allievi i precetti della precisione grammaticale. L'analisi di questo testo e in particolare la casistica del barbarismo mi ha permesso di far emergere questo sorprendente aspetto cognitivo dell'apprendimento grammaticale che fa sentire moderne le teorie e la produzione testuale del tardo antico.

BIBLIOGRAFIA ESSENZIALE

Amsler M., *The theory of Latin Etymologia in the Early Middle Ages: from Donatus to Isidore*, Ohio 1976.

Atherton C., *What Every Grammarian Knows?*, "The Classical Quarterly" 46 1 (1996), pp. 239-260.

Auerbach E., *Literatursprache und Publikum in der lateinischen Spätantike und im Mittelalter*, Bern 1958, trad. it., *Lingua letteraria e pubblico nella tarda antichità latina e nel Medioevo*, Milano 1983.

Bajoni M. G., *Les Grammairiens lascifs. La grammaire à la fin de l'Empire romain*, Paris 2008.

Baratin M. e Desbordes F., *La "troisiéme partie" de l'Ars grammatica*, in *The History of Linguistics in the Classical Period*, edited by Taylor D. J., Amsterdam-Philadelphia 1987, pp. 41-66.

Baratin M., in *Lexicon grammaticorum*, Tubingen 1996 s. v. Diomedes.

Baratin M., *Les limites de l'analyse de l'énoncé chez les grammairiens latins, L'héritage des grammairiens latins de l'Antiquité aux Lumières (Actes du Colloque de Chantilly, 2-4 septembre 1987* Paris), Louvain 1988, pp. 69-80.

Barthes R., *La Rhétorique ancienne, 1970*, trad. it., *La retorica antica,* Milano 2000.

Barwick K., *Probleme der stoischen Sprachlehre und Rhetorik*, Berlino 1957.

Barwick K., *Remmius Palaemon und die römische Ars gramatica*, Leipzig 1922.

Biville, *Frédérique, Les emprunts du latin au grec,* voll. II, Louvain-Paris 1990.

Borsellino N. e Pedullà W., *Storia generale della Letteratura italiana*, vol. IV, Milano 2004.

Burghini J. e Meynet B. C., *Casos Equivocos entre Barbarismos y Solecismos:* Scala, scopa, Quadriga *en Quintiliano, Donato, Diomede, Pompeyo y Consencio*, Relazione al convegno I Jornadas Internacionales de Estudios Clsicos y Medievales 26-28 maggio 2010.

Camporeale S. I., *Lorenzo Valla. Umanesimo, Riforma e Controriforma. Studi e testi*, Roma 2002.

Cervani R., *Considerazioni sulla diffusione dei testi grammaticali. La tradizione di Donato, Prisciano, Papias nei secoli XII-XV*, *"Bollettino dell'Istituto Storico Italiano per il Medio Evo e Archivio Muratoriano"* 91(1984), pp. 397-421.

Charpin F., *Le notion de solécisme chez les grammairiens latins*, in *Varron, Grammaire antique et Stylistique latine*, Paris 1979, pp. 211-216.

Chomsky N., *Aspects of the Theory of Syntax*, Cambridge 1965, trad. it. in *Saggi linguistici*, Torino 1970, pp. 39-258.

Chomsky N., *Language and Problems of Knowledge. The Managua Lectures,* Cambridge 1988.

Ciaffi C., *Emozioni fra pragmatica e psicologia,* in Bazzanella C. e Kobau P., *Passioni, Emozioni, Affetti,* Milano 2002.

Cipriani G., *Giallo al Trasimeno, retorica a scuola. Flaminio, Annibale e il cadavere che non c'è*, "Aufidus" 26 (1995), pp. 93-121.

Cipriani G., *La fine di Vercingetorige e la fine dei commentari cesariani*, in "L'ultimo Cesare. Scritti riforme progetti poteri congiure", Atti del convegno internazionale, Cividale del Friuli, 16-18 settembre 1999, pp. 55-87.

Cipriani G., *Sallustio, Servio e I fondamenti del Latino*, in "Atti del primo convegno nazionale sallustiano", L'Aquila 28-29 settembre 2001, pp. 25-42.

Clarke M. L., *Rhetoric at Rome. A Historical Survey*, London 1953.

Clasio L., *Collezione d'opuscoli scientifici e letterarj ed estratti d'opere interessanti*, Firenze 1807.

Coletti M.L., *Il* barbarismus *e il* solecismus *nei commentatori altomedievali di Donato alla luce della tradizione grammaticale greco-latina*, Orpheus 4 (1983), 67-92.

Colson F. H., *M. Fabii Quintiliani Istitutionis oratoriae liber I*, Cambridge 1924.

Colson F. H., *The Grammatical Chapters in Quintilian I. 4-8*, "The Classical Quarterly" VIII 1 (1914), pp. 33-47.

Comenii J. A., *Orbis sensualium pictus: hoc est omnium fondamentalium in mundo rerum et in vita actionum pictura et nomenclatura*, Harenberg 1979.

Copeland R. e Sluiter I., *Medieval Grammar and Rhetoric. Language Arts and Literary Theory, Ad 300-475*, Oxford 2009.

Criscuolo U. e De Giovanni L. (a cura di), *Trent'anni di studi sulla Tarda Antichità: bilanci e prospettive. Atti del Convegno Internazionale Napoli 21-23 Novembre 2007*, Napoli 2009.

D'Alessandro P., *Cesio Basso e il de versuum generibus di Diomede*, Trieste 2006.

Dammer R., *Diomedes grammaticus,* Trier 2001.

De Lubac H., *Esegesi medievale. I quattro sensi della scrittura*, Milano 1996.

De Nonno M., De Paolis P. e Holtz L.(a cura di), *Manuscripts and Tradition of Grammatical Texts from Antiquity to the Renaissance*, Cassino 2000.

De Nonno M., *Grammatici, eruditi, scoliasti: testi, contesti, tradizioni*, in Guasti F., *Grammatici latini: teoria ed esegesi*, Pavia 2003, pp. 13-28.

De Nonno M., *Le citazioni dei grammatici*, in Cavallo G., Fedeli P. e Giardina A., *Lo spazio letterario di Roma antica*, vol. III, Roma 1999.

De Nonno M.,*"Pompeo"*, in *Enciclopedia Virgiliana,* IV, Roma 1984, p. 196.

De Paolis P., *Explanationes in Donatun (GL IV 486-565) e il loro più antico testimone manoscritto*, in De Nonno M., De Paolis P. e Holtz L.(a cura di), *Manuscripts and Tradition of Grammatical Texts from Antiquity to the Renaissance*, Cassino 2000, pp. 173-221.

Della Casa A., *La grammatica*, in AA.VV., *Introduzione allo studio della cultura classica*, Linguistica e filologia vol. II, Milano 1973, pp. 41-91.

Dionisotti A. C., *On bede, grammars, and greek*, "Revue Bénédictine" 92 (1982), pp. 111-141.

Duca G., *Note al* Commentarius *in* artem Donati *di Servio*, in "Romanobarbarica" 13 (1994-1995), pp. 199-204.

Erlebach P., *Historisches Wörterbuch der Rhetorik*, hrsg. Von Ueding G. *et al.*, Tubinga 1992, coll. 1281-1285, s. v. *barbarismus*.

Fera V., *Problemi e percorsi della ricezione umanistica*, in Cavallo G., Fedeli P., Giardina A., *Lo spazio letterario di Roma antica*, vol. III, Roma 1999, pp. 535-538.

Fiocchi L., in *Enciclopedia Virgiliana*, vol. II, Roma 1985, s. v. Diomede.

Flobert P., *La dimension historique chez les grammairiens latins (Donat, Dosithée)*, in AA. VV., *L'héritage des grammairiens latins de l'antiquité aux Lumières. Actes du Colloque de Chantilly*, Louvain 1987, 27-35.

Fritz von K., *Ancient instruction in 'Grammar' according to Quintilian*, "American Journal of Philology" 70 (1949), pp. 337-366.

Gibson M., *Donatus' Grammar L. Holtz: Donat et la tradition de l'enseignement grammatical étude et édition critique,* "The Classical Review" 37 2 (1987), pp. 190-192.

Goetz G. e Schoell F., *M. Terenti Varronis De lingua latina quae supersunt*, Amsterdam 1964.

Graffi G. e Scalise S., *Le lingue e il linguaggio. Introduzione alla linguistica*, Bologna 2003.

Graffi G., *Fortuna e vicissitudini di concetti grammaticali*, Padova 2004.

Guasti F., *Grammatica e Grammatici latini: teoria ed esegesi. Atti del I Giornata ghisleriana di Filologia classica (Pavia, 5-6 aprile 2001)*, Pavia 2003, pp. 13-28.

Herzog R. e Schmidt P. L., *Handbuch der lateinischen Literatur der Antike, V. Restauration und Erneuerung. Die lateinische Literatur von 284 bis 374 n. Chr.*, Monaco 1989.

Holtz L., *Donat et la tradition de l'enseignement grammatical. Étude sur l'Ars Donati et sa diffusion (IVe-IXe siècle) et édition critique*, Paris 1981.

Holtz L., *In artem maiorem Donati commentarium*, Turnhout 1977.

Holtz L., *Tradition et diffusion de l'oeuvre grammaticale de Pompée, commentateur de Donat*, "Revue de Philologie, de Littérature et d'Histoire anciennes" 45 (1971) , pp. 48-83.

Kaster R. A., *Guardians of Language: The Grammarian and Society in Late Antiquity*, Berkeley – Los Angeles – London 1988.

Kaster R. A., *The Grammarian's Autority*, "Classical Philology" 75 3 (1980) pp. 216-241.

Knauer G. N., *Die Aeneis und Homer; Studien zur poetischen Technik Vergils mit Listen der Homerzitate in der Aeneis*, Gottingen 1964.

Laeng M., *Nuovi lineamenti di Pedagogia*, Brescia 1992.

Lambert C., *La grammaire latine selon les grammairiens latins du Ive et du Ve siècle*, Parigi 1908.

Lausberg H., *Elemente der Literarischen Rhetorik*, München 1949, trad. it., *Elementi di retorica*, Bologna 1969.

Lausberg H., *Handbuch der literarischen Rhetorik*, München 1960.

Law V., *Grammar and grammarians in the Early Middle Ages*, London and New York 1997.

Law V., *Late Latin Grammars in the Early Middle Ages: a Typological History*, in Taylor D. J., *The History of Linguistics in Classical Period*, Amsterdam-Philadelphia 1987, pp. 191-204.

Law V., *The History of linguistics in Europe from Plato to 1600*, Cambridge 2003.

Law V., *The mnemonic structure of ancient grammatical doctrine*, in Swiggers P. and Wouters A., *Ancient Grammar: content and context*, Leuven and Paris 1996, pp. 37-52.

Lindsay W. M., *The Latin Grammarians of the Empire*, "American Journal of Philology" 37 (1916), pp. 31-41.

Löfstedt E., *Syntactica. Studien und Beiträge zur historischen Syntax des Lateins*, 2. Teil, C.W.K.Gleerup, Lund 1956 (= 1933).

Luhtala A., *Early Medieval Grammar*, in Koerner E. F. K. e Asher R. E., *Concise History of the Language Sciences: from the*

Sumerians to the Cognitivists, Cambridge 1995, pp. 121-125.

Luhtala A., *Grammar and philosophy in Late Antiquity. A Study of Priscian's Sources*, Amsterdam 2005.

Mähly J., *Donatus und Diomedes*, "Zeitschrift für die österreichischen Gymnasien" 38 (1887), pp. 589-590.

Marazzini C., *Latino e origini della lingua italiana*, in *La cultura italiana*, a cura di Cavalli Sforza L., vol. II, *Lingua e linguaggi*, a cura di Beccaria G. L., Torino 2009, pp. 8-77.

Marazzini C., *Storia della linguistica italiana*, Roma 2010.

Mattarucco G., *Momenti di storia della grammatica*, "Studi di Grammatica Italiana" XIX (2000), pp. 93- 139.

Mazhuga V. I., *Diomède et Charisius sur la norme lexique [sic]*, in *Colloquia classica et indo-*

europeica, vol. II, Sankt-Petersburg 2000, pp. 74-87.

Morelli G., *Ricerche sulla tradizione grammaticale latina*, Roma 1970.

Mortara Garavelli B., *Manuale di Retorica*, Milano 1988.

Negri A. M., *Elio Donato Ars grammatica maior, Reggio Emilia 1960.*

Norberg D., *Manuale di latino medievale*, a cura di Oldoni M., Cava de' Tirreni 1999.

Passalacqua M., *Priscian's institutio de nomine et prenomine et verbo in the ninth century*, "Historiographia Linguistica" 20 (1993), pp. 193-204.

Petrone G. e Casamento A., Studia in Umbria educata. Percorsi della retorica latina in età imperiale, Palermo 2010.

Pfeiffer R., *History of Classical Scholarship from 1300 to 1850*, Oxford 1976, pp. 124-129.

Pittaluga S., *Scuola ed enciclopedismo nella tarda antichità*, in Pittaluga S., *Scuola e Trasmissione del sapere tra Tarda Antichità e Rinascimento*, Genova 2009, pp. 7-21.

Pugliarello M., *Teoria e prassi dell'*Ars grammatica*: integrazioni di Servio alle* Artes di Donato, in Pittaluga S., *Scuola e Trasmissione del sapere tra Tarda Antichità e Rinascimento*, Genova 2009, pp. 55-66.

Riviere C., *Introduzione all'antropologia*, Bologna 1998.

Robins R. H., *Ancient and Medievial Grammatical Theory in Europe, with particular Reference to Modern Linguistic Doctrine*, Londra 1951.

Roger M., *Ars Malsachani: Traite du Verbe*, Paris 1905.

Roger M., *L'enseignement des lettres classiques d'Ausone à Alcuin*, Paris 1905, pp. 355-363.

Schindel U., *Die lateinischen Figurenlehren des 5. bis 7. Jahrhunderts und Donats Vergilkommentar*, Göttingen 1975.

Schmidt P. L., *Grammatik und Rhetorik,* in Herzog R. und Schmidt P. L., *Handbuch der lateinischen Literatur der Antike,* Munchen 1989.

Seigel J., *Rhetoric and Philosophy in Renaissance Humanism,* Princeton 1968.

Serbat G., *Donat et la tradition de l'enseignement grammatical. A propos de la thèse de Louis Holtz*, "*Revue des Études latines*" 61 (1983), pp. 56-64.

Tateo F., *Letteratura italiana – dalla Curia di Federico II alla 'repubblica' delle Lettere,* Bari 1999.

Taylor, D. J., *Roman Language Sciences, in Schmitter, P.* (a cura di), *Geschichte der Sprachtheorie*, vol. II, Tübingen 1991, pp. 334-352.

Traina A. e Bernardi Perini G., Propedeutica al latino universitario, Bologna 1971.

Vainio R., *Use and function of grammatical examples in roman Grammarians*, "Mnemosyne" 53 (2000), pp. 30-48.

Visser L., *Latin Grammatical manuals in the Early Middle Ages: Tradition and Adaptation in the Participle Chapter*, in Matthaios S., Montanari F. e Rengakos A., *Ancient Scholarship and Grammar. Archetypes, Concepts and Contests*, Canada 2011, pp. 375- 404.

Zetzel J. E. G., *Latin Textual Criticism in Antiquity*, New York 1981.

INDICE

Finito di stampare nel mese di ottobre
2012

presso Lulu press

www.ingramcontent.com/pod-product-compliance
Ingram Content Group UK Ltd.
Pitfield, Milton Keynes, MK11 3LW, UK
UKHW020218250726
13967UKWH00001B/65

9 781291 091946